Christoph-Maria Liegener

poetix - ein Pseudodichter

© 2014 Christoph-Maria Liegener

Autor: Christoph-Maria Liegener
Umschlaggestaltung: Edition Leselupe
Umschlagbild: Christoph-Maria Liegener

Verlag: tredition GmbH, Hamburg
ISBN: 978-3-8495-8482-5 (Paperback) 978-3-8495-8483-2 (Hardcover)
Printed in Germany

Um wen geht es hier? Wer ist oder war dieser poetix. Der, von dem wir reden, schrieb Gedichte und tauchte eines Tages im Internet-Lyrikforum Leselupe auf, später auch in anderen Foren wie dem Gedichte-Eiland und der Lyrikecke. Natürlich war "poetix" nicht sein richtiger Name, sondern sein Nickname in den Foren. Klein geschrieben, wohl aus Gründen der Bequemlichkeit beim Tippen am Computer. Wie mag er auf den Namen gekommen sein? Vielleicht wäre er gern Dichter in dem bekannten kleinen gallischen Dorf gewesen, in Verehrung von Goscinny und Uderzo. Ein Dichter, aber kein Barde, wenn man das unterscheiden will; denn im Gegensatz zum dort ansässigen Barden war er kein Sänger. Zumindest ist kein Sänger seines Namens bekannt; ob er zuhause unter der Dusche gesungen hat, wissen wir nicht. Auch ergibt sich nicht sofort, ob er damals erst angefangen hat zu schreiben. Er trat jedenfalls im Forum erstmals unter dem Namen poetix auf und verhielt sich, als ob er ein Dichter wäre.

Wenn er nur ein richtiger Dichter gewesen wäre! Aber was ist ein richtiger Dichter? Einer, der das Dichten zu seinem Beruf gemacht hat, könnte man sagen. Jedoch: Kann heutzutage jemand mit der Publikation seiner Schreiberzeugnisse Geld verdienen? Journalisten fallen einem ein, aber Journalismus produziert keine Literatur im engeren Sinn. Mit Literatur richtig verdienen tun meist diejenigen, die sowieso schon bekannt sind, von denen man viel gehört oder gelesen hat und gern mehr wissen möchte. Es sind die sogenannten Prominenten, die letztlich an ihrem Namen verdienen und das Schreiben oft Ghostwritern überlassen. Die Ghostwriter, klar, sie verdienen etwas Geld mit ihrer Schreiberei. Nur ist das, was sie schreiben, normalerweise keine Lyrik. Dann gibt es die paar Glückspilze, die tatsächlich selbst Bestseller schreiben. Sie sind selten, aber es gibt sie. Noch seltener allerdings, wenn wir von Lyrik sprechen. Da muss man schon einen Nerv der Zeit treffen. Man könnte sich streiten, ob das dann Glück oder ein genialer Geistesblitz ist. Bei poetix hatte sich weder das eine noch das andere eingestellt. Das können wir daraus schließen, dass er bisher nicht in den Bestsellerlisten aufgetaucht ist. Also musste er irgendwie in der Lage gewesen sein, sein Leben auf andere Weise zu finanzieren. Wie er das machte, bleibt sein Geheimnis. Hatte er einen bequemen Job und schrieb nach Feierabend? Schrieb er gar heimlich während der Arbeitszeit? War er Hartz-IV-Empfänger und hatte den ganzen Tag Zeit? Oder Lehrer, oder Rentner? Wie auch immer, von seiner Dichtung lebte er offenbar nicht.

Können wir überhaupt über eine reale Person reden, die hinter poetix steckte? Gab es da tatsächlich jemanden oder war es eine ganze Gruppe Verschworener? War er ein künstliches Konstrukt wie Bourbaki? Oder war er ein Computer, gar ein Cyborg? Das würde passen. In jedem Fall kann man sagen, poetix war ein Pseudodichter. Er begegnet uns nicht in der Realität, war virtuell unterwegs, im Internet. Diese virtuelle Existenz ist der eine Grund für die Bezeichnung "Pseudodichter". Der andere Grund ist, dass die Person, von der sprechen, eben kein "echter" Dichter war, im Sinne der obigen Definition, nur ein Möchtegerndichter, ein selbsternannter Dichter.

Da es um einen Pseudodichter geht, können wir keine Geschichte über ihn erzählen, nur eine Geschichte der Gedichte, der Werke, die er geschrieben hat. Wir können das heraussuchen, was an Texten (mehr oder weniger verborgen) von ihm im Netz zu finden ist. (Es haben sich tatsächlich noch weitere Quellen gefunden, die hier nicht genannt werden sollen.) Wir wollen versuchen, daraus das Bild einer Person zu konstruieren, in der Annahme, es wäre die Rekonstruktion einer realen Person. Natürlich können wir die Texte nur so weit analysieren, wie sie es zulassen. Was verschwiegen werden sollte, werden wir nicht zu Tage fördern können.

Sehen wir uns seine Werke an und versuchen, etwas dazu zu sagen. Manchmal wird das möglich sein, manchmal wird es nichts zu sagen geben. Dann wieder können wir in gewissen Fällen das jeweilige Werk in Beziehung zu seinem Autor setzen, psychologische Detektivarbeit leisten. Beginnen wir mit dem folgenden merkwürdigen Gedicht (von der Form her ein Sonett).

Der dunkle Fluss

Die Tränen, die der Berg dem Land geschenkt:
ein Fluss, der dunkler ist als jede Nacht.
Von Traurigkeit wird er hervorgebracht,
von Leiden in die Welt hinausgelenkt.

Doch kann er nicht an einem Orte bleiben,
die Dörfer, Wälder, Wiesen kommen, gehen.
Es rauscht der Fluss und strömt und will doch stehen
und windet sich und lässt sich haltlos treiben.

Die Ufer schwinden, schilfumflort und seicht,
umspült von Fluten, die sich weit ergießen,
von alten Träumen, die nun leiser fließen.

Der Fluss, der nie sein fernes Ziel erreicht,
verweilt noch, um dann sanft hinausgezogen
und eins zu werden mit den Meereswogen.

Der dunkle Fluss, der schon im Titel steht, ist offenbar eine
Metapher für das Leben, dunkel, weil unbekannt, undurchsich-
tig, geheimnisvoll. Die Geburt, das Eintreten in die Welt, wird
als ein trauriges, leidvolles Ereignis beschrieben, eine Sicht, die
an den Buddhismus erinnert. Der dunkle Fluss symbolisiert

damit von Anfang an das unermessliche Weltleid, nicht nur das eigene, auch das der ganzen Menschheit.

Der Lebensfluss führt uns weiter. Das Hin und Her der Welterfahrung in der Jugend geht über in ein rauschhaftes Getriebenwerden in der fortschreitenden Karriere. Dann kommt der Lebensabschnitt der Reife, des Alterns, des Nachlassens der Dränge, der Träume, das Gehenlassen von Zielen. Schließlich das Ende, der Tod als ein Eingehen in etwas Größeres. Das Atman wird eins mit dem Brahman. Offenbar war poetix beeinflusst von der indischen Philosophie. Außerdem tauchen derartige Motive bei den christlichen Mystikern auf. Was darf's denn nun sein?

In welcher Phase seines Lebens hat poetix dieses Gedicht geschrieben? Aufgrund der abgehobenen Sicht auf das Jugendalter könnte man meinen, poetix hätte dieses Alter zum Zeitpunkt des Schreibens bereits überwunden. Möglich wäre, dass die Entstehung des Gedichts sich über mehrere Lebensabschnitte erstreckt hat. Das bleibt ungelöst. Jedoch können wir immerhin vermuten, dass poetix zum Zeitpunkt der Fertigstellung nicht mehr ganz jung war. Also doch Rentnerlyrik?

Das nächste Gedicht ist in dreihebigen Amphibrachen geschrieben. Es könnten andererseits jeweils drei durch einen Auftakt eingeleitete Daktylen sein, wobei der dritte katalektisch ist; wer weiß das so genau? Wenn es Zweifel gibt, wählen wir nach Ockhams Vorschrift die erste Variante.

Schatten

Die Schatten der Waldstraße ziehen
zum flackernden Schein der Laternen.
Verloren: Sie möchten noch fliehen
und können sich nicht mehr entfernen.

Wenn Schatten die Blicke berühren,
ergreift dich die Angst eines Kindes.
Den nächtlichen Schauer zu spüren,
vertrau nur der Fremdheit des Windes.

Du sehnst dich den Wolken entgegen,
den Wettern ein Opfer des Raubes.
Was bleibt, ist nur strömender Regen
im Rauschen sich neigenden Laubes.

Es stellen die Schatten die Frage,
die Nacht hilft, die Antwort zu finden:
Allein bist du, träum nicht vom Tage,
doch sieh, die Gewitter entschwinden.

Ein Blues mit freundlichem Schlussakkord. Ob poetix auch
fröhliche Gedichte geschrieben hat? - Na bitte, da ist eins.

Die Pflaume und die Fliege

Die Pflaume hing am Baume
und hielt sich nicht im Zaume.
Auf einmal fiel sie runter,
da war die Wiese bunter.
Dort unten blieb sie liegen,
umschwirrt von vielen Fliegen.
Sie faulte vor sich hin,
mit einer Made drin.

Verpuppte sich die Made,
so war das gar nicht schade,
kroch doch aus dieser Wiege
das kleine Kind der Fliege.
Drosophila hieß sie,
das unverschämte Vieh.

Da werden manche fragen:
Was soll uns das denn sagen?
Die Antwort ist nicht schwer:
Es gibt ne Fliege mehr.

Da wir schon bei der Natur sind, kommt jetzt noch Regen
dazu.

Regen

Der Regen kommt ganz leise, sacht,
wobei er lächelnd, zauberhaft,
die alte Erde fruchtbar macht.

In junge Bäume schießt der Saft,
die Zweige werden hochgebogen.

Geschlossnen Auges freu ich mich,
das Moos ist feucht und vollgesogen,
der Schoß der Schöpfung öffnet sich,
daniederliegend dumpf in Schwere,
bedeckt das nackte Felsgestein
und lässt die ganze Welt hinein,

als ob es alles Regen wäre.

Ist das etwa zweideutig? Die Fruchtbarkeit, die dieser Regen
bringt, ist ja schon fast erotisch. Pass auf, poetix, dass deine
Texte jugendfrei bleiben.

Der Bergsee

Der See ruht heilig und vom Berg geborgen,
ein stiller Hort geheimnisvoller Zeichen.
Er weckt Gefühle, die ich will und spüre,
wenn ich das kühle Wasser sanft berühre,
aus Tiefen, die wir Menschen nie erreichen,
entstiegen, ohne Heute oder Morgen.

Das Wasser hat der Himmel uns geliehen,
wir ehren es am Hochaltar auf Erden.
Im Hochtal schwebt der See seit frühen Zeiten
als Opferschale der vom Tod Befreiten,
als Seelentränke für die Menschenherden.
Sein Wasser lässt die bösen Geister fliehen.

Das Weltall spiegelt sich im Wasser wider,
wir können all die fernen Sterne sehen.
Man kann auf solche Spiegelwelten hoffen,
das Tor zu ihnen halten wir ja offen,
wenn wir in klarer Nacht am Bergsee stehen.
Von Weitem hören wir die eignen Lieder.

Auch das ein Naturerlebnis, dargestellt in fünfhebigen Jamben mit doppelt umarmendem Reim. Unklar erscheint die Herkunft des Wassers. Einmal ist es aus der Tiefe entstiegen, einmal vom Himmel geliehen. Ein Widerspruch? Nicht unbedingt, der Himmel ist ja nicht nur der sichtbare Himmel über uns, sondern auch metaphorisch die höhere Gewalt. Die Tiefe andererseits mag bildlich für Menschen unerreichbar sein, ist aber noch irdisch, gehört zum Herrschaftsbereich des Himmels - die Hölle ist sicherlich nicht gemeint. Die Tiefe führt in unser innerstes, zeitloses Ich, das den Himmel ehrt. So löst sich der scheinbare Widerspruch und führt zu einer transzendentalen Synthese. Dialektik?

Die Stimmung ist feierlich, meditativ, geheimnisvoll, geradezu religiös. „Himmel", „Hochaltar", „Opferschale", „vom Tod befreit" ... fast wie in der Kirche, wäre da nicht die „Seelentränke für die Menschenherden". Das ist von der Tendenz her ironisch. Und wenn Religion, dann handelt es sich nicht um eine bestimmte Religion. Man ist allem Anschein nach frei von jeglicher Organisation, kann gleichzeitig an christliche Motive, Zen-Buddhismus oder Naturreligionen denken. Sogar von bösen Geistern ist die Rede. Wird es hier spirituell? Jedenfalls gibt es dem Gedicht einen esoterischen Touch. Und was ist mit dem Tor zu den Sternen? Stargate? Science Fiction? War poetix ein Spinner?

Das käme auf einen Gegenbeweis an. Suchen wir ein Gedicht, das seine Bodenständigkeit belegen könnte. - Da haben wir eins. Es geht um die Ehe, genauer um die Ehefrau. Ein humorvolles Gedicht, einfach gehalten, fünfhebige Trochäen mit schlichtem Paarreim.

Die beste Frau

Für Heike

Als der Herrgott einst die Frau gemacht,
hat er sich die Sache so gedacht:
Adam möge Eva gut beschützen,
umgekehrt soll sie ihn unterstützen.
Was kann diesem Paar dann noch misslingen?
Fröhlich schon die Hochzeitsglocken klingen!

Wird der Ehealltag Adam schmecken?
Ganz begeistert wird er das entdecken,
macht ja auch, was immer Eva will,
wundert sich, warum, und schweiget still.
Dafür liebt die Frau den Mann nicht bloß,
schenkt ihm auch noch Kinder, zieht sie groß.

Hausfrau, Mutter, mitten im Gewühl,
das noch gut gelaunt und mit Gefühl,
Tatkraft zeigen überall und helfen:
Frauen sind so märchenhaft wie Elfen.
Jeder Mann denkt schließlich still bei sich:
Welch ein Glück, die beste Frau hab ich.

Jetzt wissen wir schon mehr über poetix: Er war verheiratet und liebte seine Frau. (Vielleicht gibt es ihn heute noch und er liebt sie immer noch.) Hoffentlich liebte er sie nicht nur aus Bequemlichkeit. Nein, so wird es nicht gewesen sein. Schließlich hielt er sie für die beste Frau der Welt. Es ist ja nicht verkehrt, dass er unter anderem die Leistungen seiner Frau zu schätzen wusste. Ist Heike der Name seiner Frau oder ist es ein Deckname wie Lesbia für Clodia bei Catull?

Das Gedicht ist bodenständig, vielleicht sogar spießig, weil das Verhältnis zwischen Mann und Frau so beschrieben wird, wie es seit Jahrhunderten gesehen wurde. Die Rollenverteilung ist traditionell, man könnte sagen, altmodisch, zugleich so, dass beide zufrieden sind: Die Frau setzt ihre Wünsche auf ihre Weise durch und der Mann bekommt dafür sein geordnetes Familienleben. Die Liebeserklärung in der letzte Strophe scheint ernst gemeint zu sein, ist jedoch nicht allzu originell. Sie reiht sich in das Schema überlieferter Lebensformen ein. Auf der anderen Seite ist der Schluss mit seinem Abheben von der eigenen Perspektive auf eine vielleicht zu optimistisch verallgemeinerte Weltsicht nicht ganz ohne Witz.

Die folgenden Gedichte sortieren wir nach Jahreszeiten. Die Jahreszeiten als Gedichtthema erlebten einen Höhepunkt in der Naturlyrik der Romantik. Dabei stand das Naturerlebnis im Vordergrund. Die Jahreszeiten dienten als Symbol für allgemeine Lebensumstände, z.B. der Frühling für das Erwachen, den Neubeginn. Vor allem war in dieser Hinsicht der Herbst beliebt, der ein Gleichnis für die Vergänglichkeit, das nahe Ende, aber auch die Sehnsucht nach Erlösung darstellt und von Melancholie geprägt ist. Dieses Thema ist nicht nur in der Romantik beliebt. Einige der schönsten Gedichte der deutschen

Sprache sind Herbstgedichte. Spontan fällt einem Rilke ein.
Warum also nicht mit dieser Jahreszeit beginnen?

Herbst

Es reift die Frucht am Strauch,
der Ernte kommt die Zeit,
die Zeit des Abschieds auch -
das Gute steht bereit.

Vom Wind spürt man den Hauch;
wer will Kartoffeln klauben?
Von Feuern steigt der Rauch,
verkündet, was wir glauben.

In all den Erntesegen
gelingt es einzutauchen -
und das zurückzulegen,
was wir im Winter brauchen.

Die Blätter auf den Wegen
von Bäumen, die so lauben:
Der Besen wird sie fegen,
bevor sie dort verstauben.

Der Rauch verkündet, was wir glauben? O.K., der Rauch steigt von da auf, wo wir sind, verrät, verkündet(?) unsere Anwesenheit - aber unseren Glauben? Vielleicht in übertragenem Sinn, wenn wir beim Kartoffelfeuer über unsere Überzeugungen, unseren Glauben nachdenken. Aber wer tut das schon? Einer fällt uns sofort ein: poetix, der alte Grübler.

Wie schon gesagt, gibt es viele Herbstgedichte und die meisten verwenden den Herbst als Symbol der Vergänglichkeit, als Vanitasmotiv. Insofern ist ein Herbstgedicht wie dieses nicht originell. Für diesmal lassen wir es durchgehen, mit Goethe: "Erlaubt ist, was gefällt." (Da das Publikum, dem es gefallen soll, nicht homogen ist, käme es auf die Mehrheitsverhältnisse an zwischen jenen, denen es gefällt, und den anderen, denen es nicht gefällt - kaum vorherzusagen.)

Springkraut -

Warten auf

Berührung

Das Bild, das hier aufgerufen wird, beinhaltet eine Erwartung, das Platzen der Frucht durch die Berührung. Ein kleiner Schmetterlingseffekt, die sanfte, kaum merkliche Berührung und das dadurch bewirkte gewaltige Aufplatzen der Frucht des Springkrauts. Durch die kleinste Handlung können wir Unabsehbares bewirken. Man denkt auf der anderen Seite unwillkürlich an einen lieben Menschen, an ein Warten auf Zärtlichkeit. Dann die Fruchtbarkeit, das Platzen der Samenkapsel. Ist das noch im Sinne eines Haiku? Ja, denn es ist der Nachhall im Kopf des Lesers. Das Haiku beschreibt nur die Natur, einen konkreten Moment des Wartens, es kann unmittelbar vor der Berührung sein oder auch lange davor. Das wird nicht gesagt, wie überhaupt nicht viel explizit gesagt wird. Dass die Jahreszeit Herbst ist, muss sich der Leser selbst erschließen, aus der bedeutungsschwangeren Kombination von Springkraut und Berührung.

Blätter im Herbst

Blätter sprechen

von Sternen und vom All ...
das Flüstern einer Frau -
ein Abschied, den wir kennen,
wenn Liebende sich trennen.
Die Luft schmeckt bitter-lau
nach Sehnsucht und Verfall.

Blätter rascheln

am Boden zwischen Füßen,

wie einst in Kindertagen.

Was damals ich getragen,

dafür muss ich nun büßen.

Blätter trudeln:

Mit ihnen aus der Zeit

wünscht ich davonzuschweben,

um dann, entrückt ganz weit,

im Nirgendwo zu leben.

Du hast es wieder getan, poetix. Noch ein Herbstgedicht, dem ersten nicht unähnlich. Das Thema scheint dir nahegelegen zu haben. Damit wird jetzt die Kritik fällig: altmodisch und langweilig. Du hättest dich mehr vom Überkommenen lösen, Neues wagen sollen. Die Form ist ziemlich konventionell, inhaltlich bleibt es bei dem, was jedem zum Thema Herbst einfällt.

Ist der Vorwurf berechtigt? Muss man immer etwas Neues bringen? Wird uns dieser Imperativ nur eingeredet und, wenn ja, von wem? Will es das Publikum so? Woher dieser Innovationszwang?

Die moderne Kunst verdankt ihre Existenz einem Akt der Befreiung aus überlieferten Formen. Dieser Bruch war eine Explosion der Originalität. Können war immer noch erforderlich, nur war es schwerer zu erkennen. So kam es zu einer Überbewertung der Originalität gegenüber dem Können, einer übertriebenen Suche nach dem Neuen. Das Problem ist, dass ein Befreiter nicht noch einmal befreit werden kann; selbst wenn es mehrere Fesseln zu sprengen gibt, das Erlebnis der ersten Revolution wird nie wieder erreicht werden. Wie bei einem Crack-Süchtigen: Er ist immer auf der Suche nach dem Kick vom ersten Mal, wird ihn aber nie wieder erleben. Leider gerät so die moderne Kunst, sei sie Kunst des Wortes, des Tones oder des Bildes, zuweilen in Gefahr, auf der Suche nach dem Neuen, dem Originellen zu verkrampfen. Eine Gefahr; denn Originelles, das nicht von selbst aus Genialität entsteht, sondern gesucht wird, Genialität vortäuschen will, gefällt nicht. Bemühte Originalität ist schlimmer als gar keine, eingebildete Genialität lächerlich. Da du, poetix, sicherlich kein Genie bist, bleib lieber bei deinem imitierenden Stil; das ist das kleinere Übel.

Im nächsten Gedicht erscheint der Herbst als explizite Metapher. Dass der Herbst eine Metapher für die Vergänglichkeit ist, für das nahe Ende, hatten wir schon gesehen. Das war bisher ganz allgemein gehalten. Im folgenden Gedicht hat poetix über einen Abschnitt seines Lebens gesprochen. Das ist eigentlich kein Jahreszeitengedicht im engeren Sinn. Da es das Wort "Herbst" im Titel trägt, haben wir es trotzdem hier eingeordnet.

Im Herbst des Lebens

Für Heike

Auf einmal stehen wir im Herbst des Lebens,
der Frühling ist, der Sommer schon gegangen,
es hat die Zeit der Reife angefangen,
genug, genug des Suchens und des Strebens.

Wie ist die Zeit so unbemerkt verstrichen!
Die Kinder sind auf einmal groß geworden,
verdient hast du als Mama einen Orden.
Die Welt und ihre Farben sind verblichen.

Wir wollen noch den Rest des Weges gehen,
genießen, was dabei auch gleich geblieben,
vor allem, dass wir uns für immer lieben.
So lass uns dem, was kommt, ins Auge sehen.

Da werden wir dem Tod uns beide neigen,
in Ruhe schlafen, alte Träume haschen,
von unbekannten Früchten ewig naschen
und unsre Seelen werden aufwärts steigen.

Aufwärts flatternde Seelchen ...? Na ja. Wieder haben wir Gelegenheit, etwas über poetix zu erfahren. Zu dem Zeitpunkt, als er dieses Gedicht schrieb, waren seine Kinder schon groß. Er war also schon in fortgeschrittenem Alter. Enkel scheint er allerdings noch nicht gehabt zu haben, zumindest hat er keine erwähnt.

Es wird Winter. In Anapästen. Da wird gern diskutiert, ob das Versmaß nicht in Daktylen umkippt. Ist das wirklich so wichtig?

Winter

Bis zum Anfang des Winters will keiner ihn haben, den Winter.
Harmonie bringt er erst, wenn er da ist, und schon liebt man
ihn.
Aus der Welt rinnt die Wärme, die südlichen Winde entfliehn.
Vor der Kälte bewahrt einen nur das Geheimnis dahinter.

Sieh den Himmlischen Dom ungeheuer nach oben hin ragen.
Miteinander gefangen in diesen geräumigen Hallen
sind wir Opfer, wenn alles von dort sich anschickt zu fallen.
Das Gesicht wenden wir jenem Fallen entgegen mit Fragen.

In der Tiefe des Weltalls die Sterne, sie halten sich nicht.
Wie sie emsig herabsinken, dichter als dicht im Gewimmel!
Es ist Schnee, der da rieselt wie göttliche Gnade vom Himmel.
Er bedeckt unsre Sünden und ebnet die Welt für das Licht.

Es geht nicht nur um den Winter, auch um den Schnee. Keine Überraschung, beides gehört ja zusammen. Dann wieder so eine pseudoreligiöse Botschaft von unserem Pseudodichter: Sünden, Opfer, Gnade ... Schien ihm wichtig zu sein. Zum Winter gehört auch Weihnachten.

Was braucht man zu Weihnachten?

Wie mutet Weihnacht traulich an,
ob mit, ob ohne Weihnachtsmann!
Geschenke, Schnee, das ist nicht wichtig,
doch Herzenswärme, die ist richtig.

Erinnerungen zu erwecken,
sich zu umarmen, mal zu necken,
Ein Weihnachtsliedchen froh zu singen,
zu hören, wie die Glocken klingen:
das kostet nichts und tut doch gut,
Gefühle strömen: eine Flut!

Manch einer wird auch überlegen,
woher er kommt, der Weihnachtssegen.
Da möge er nur in sich lauschen:
man hört der Engel Flügelrauschen.

Das ist nun wirklich sehr altmodisch, aber andererseits ist Weihnachten ja auch keine moderne Erfindung. Insofern passt es irgendwie. Unsere Erkenntnis ist, dass poetix zu Weihnachten sentimental wurde.

Nacht der Engel

Was ist es, das die eine Nacht

von allen so besonders macht?

Es ist nicht wichtig, dass es schneit:

Die Weihnachtsnacht ist eine Zeit,

da Himmelsengel Menschen werden.

In dieser Nacht sind sie auf Erden

und wollen unsre Leiden teilen,

mit uns von Stund zu Stunde eilen.

Sie geben sich nicht zu erkennen,

die Liebe würde uns verbrennen.

Man trifft die Engel unverhofft,

und wundert sich dann später oft;

denn wenn sie durch die Lande wandeln,

dann trieft der Zucker von den Mandeln.

Man singt, der Glühwein ruft zum Zechen,

wir weinen über unsre Schwächen.

So manche Prüfung hier im Leben
wird uns auch weiter aufgegeben.
Die Welt bleibt meistens, wie sie war,
und doch wird plötzlich vieles klar.

Ein Engel steht dir jetzt zur Seite,
dass er dich in Vergangnes leite:
die Kindheit, Jugend... alte Liebe
(du wünschst vergeblich, dass sie bliebe).
Die Engel heilen unsre Seelen,
sie sagen uns, wo wir noch fehlen.
Wir können diese Plätze finden
und uns an unsre Lieben binden.
So haben wir dann selbst gewählt,
was letzten Endes für uns zählt.

Es beginnt ganz romantisch. In der zweiten Strophe dann auf einmal Zynismus. In der dritten Strophe setzt sich aber trotz der Randerscheinungen der schöne Charakter von Weihnachten durch. Glück gehabt, poetix, gerade noch die Kurve gekriegt.

Dazu eine Portion Nonsens.

Weihenacht

Mein Anselm, sprach der Herr Vikar,
jetzt geh ins Priesterseminar
und gib mir auf die Weihen acht;
wir sehn uns dann zu Weihenacht.

Wie gesagt, sinnfrei. Mehr davon (ein Limerick).

Weihnachtsstollen

Es buk gern Herr Meier aus Speyer.
Am Weihnachtstag nahm er zwei Eier,
um Teig auszurollen:
Er buk einen Stollen,
doch leider zu spät für die Feier.

Kinderschreinacht

Nun kann die Feier endlich starten,
das Weihnachtsfest im Kindergarten.
Wie alle durcheinander toben!
Wir wollen das nicht auch noch loben.
Erzieher bremsen, setzen Schranken,
die Kinder kommen auf Gedanken:
Sie klettern auf den Weihnachtsbaum,
versprühen ringsum Teppichschaum.
Juchhe, das sieht ja aus wie Schnee,
bedeckt die Sterne aus Gelee.
Derweil ein kleines Bächlein rinnt,
weil eins der Kinder zu sehr spinnt.
Jetzt machen wir mal richtig Stimmung,
erreicht wird sie durch Lichter-Dimmung:
Das Licht gelöscht, so muss es sein;
denn alle wollen Kerzenschein
im Dunkeln wie in einer Gruft,
dazu der Tannennadelduft.
Nur findet man hier kein Gerippe,
statt dessen steht da eine Krippe.
Natürlich gibt es auch Gesinge,

wir essen dabei Baumschmuckringe

und treiben Unsinn, wie's nur geht,

so mancher spricht ein Stoßgebet.

Um viertel acht ist Schicht im Schacht,

genug gespielt für diese Nacht.

Dass poetix Kinder hatte, wussten wir schon, immer vorausgesetzt, dass wir sein lyrisches Ich mit seinem realen Ich identifizieren dürfen. Das darf man selbstverständlich nicht immer, aber bei einem Pseudodichter, einer fiktiven Person, die wir nur aus ihren Gedichten kennen, bleibt uns kaum etwas anders übrig. Er hatte also Kinder und offensichtlich auch den dazu erforderlichen Humor.

Auch Karneval fällt in den Winter (Limerick).

Karneval

Herr Meier wohnt drüben am Eck,

im Karneval wär er gern Jeck.

Er fährt an den Rhein;

im Zug gibt's zum Schwein

zehn Kölsch und am Ziel ist er weg.

Winternacht

Doppelt kalt wird es und doppelt dunkel,
wenn die Nacht den Winter trifft.
Friere nur, doch sieh: Im Schneegefunkel
zeigt sich eine zarte Schrift.

Kunde gibt sie von der kalten Größe
des nach oben offnen Alls,
dem wir preisgegeben sind in Blöße,
Opfer ewigen Verfalls.

Noch ein Haiku zu Weihnachten.

Weihnachten -
jede Flocke ist
anders

Manche Motive tauchen immer wieder auf. So ist das eben,
wenn man zu oft dasselbe beschreibt. Wir sollten den Winter
verlassen.

Beginnen wir den Frühling, wie wir den Winter beendet haben, mit einem Haiku.

Mondlicht -

Kirschblüten

tanzen

Frühling ist es, weil die Kirschen im Frühling blühen. Die Kirschblüten im Haiku sind schon etwas klischeebehaftet, aber deswegen nicht verboten. Es ist eine schöne Vorstellung, dass die fallenden Kirschblüten im Mondlicht tanzen. Der Mond wird im Zen-Buddhismus als Symbol der Erleuchtung verwendet. Man kann bei dem Anblick meditieren. Die einzelnen fallenden Kirschblüten sind in Bewegung, trotzdem stahlt das Bild als Ganzes Ruhe aus. Mit dem Tanz im Mondschein assoziieren wir außerdem verträumte Romantik. Ist es das, was poetix fühlte?

Kirschbäume -

die letzte Blüte

fällt ins Gras

Dieses Haiku scheint auf den ersten Blick traurig zu sein. Mit dem Fall der letzten Kirschblüte hängen keine mehr an den Bäumen. Es ist vorbei mit der Kirschblüte. Der schöne Anblick ist Vergangenheit. Aber die Blüten liegen noch im Gras und sehen für eine Weile auch dort schön aus. Es kommt hinzu, dass der Fall der letzten Kirschblüte auch der Beginn der Reife der Früchte ist. Wir haben gleichzeitig einen Abschied und einen Neuanfang, so ist der Lauf der Natur.

Ostern

Hörst du nicht im Garten

Osterglocken klingen?

Streichelt sie der Wind,

endet langes Warten.

Hör sie doch nur singen,

frei, wie wir nun sind.

Schleicht sich der Narziss an?

Eiern siehst du Hasen,

grasen auf dem Rasen.

Nisan oder Nissan?

Hier spielt er zunächst mit der Doppeldeutigkeit des Wortes „Osterglocken". Gemeint sind die Blumen, aber sie klingen. Die Osterglocken heißen auch Narzissen und haben ihren Namen von der Sage um den Narziss, der wiederum Namensgeber für den Narzissmus wurde. Das leitet über auf die Beobachtung, dass unsere Osterbräuche narzisstisch geworden sind: Wir feiern uns selbst und nicht die zugrundeliegenden Ereignisse, wie die eierlegenden Osterhasen zeigen. Das Gedicht schließt mit der provokanten Gegenüberstellung von Nisan, dem Monat im jüdischen Kalender, in dem die Osterereignisse stattfanden, und Nissan, der Automarke, als Symbol für unsere Konsumgesellschaft. Vorsicht, poetix, das wird nicht jedem gefallen.

Frühling

Frühling bricht durch alle Dämme,
wilde Wogen wollen mahnen,
dass ich ihm entgegen schwämme!
Lüfte bringen leises Ahnen,
tragen mit sich Fruchtbarkeit.

Engel schweigen, tanzen Reigen,
heimlich, in Bescheidenheit,
drüber summen stumme Geigen.

Allerliebste, die sich fehlen,
finden sich im Sonnenschein.
Herzen glühen, wärmen Seelen,
sorglos soll der Frühling sein.

Man stolpert über die summenden stummen Geigen. Kann man, wenn man stumm ist, noch summen? Stumm bedeutet doch, gerade bei Geigen, dass sie keinen Laut von sich geben, auch kein Summen. Es handelt sich demnach um ein Oxymoron, eine bewusste Nebeneinanderstellung von sich gegenseitig widersprechenden Begriffen. Ein bekanntes Beispiel ist Paul Celans "schwarze Milch". Dieses Oxymoron hier ist mit einer Art Binnenreim gekoppelt. Zu viel des Guten? Wohl Geschmackssache. Überhaupt gibt es Übertreibungen, insbesondere sentimentale (Allerliebste, Herzen glühen, ...). Ist das Kitsch oder Parodie, Gefühl oder Spott? Manchmal muss man etwas als Parodie verkaufen, bis das Publikum es als etwas mit einer eigenen Daseinsberechtigung akzeptiert. War das poetix' Intention? Hatte er überhaupt eine? Wir wissen es nicht, haben nur das Werk vorliegen und das kann man mögen oder nicht.

Auch den Sommer begrüßen wir mit einem Haiku.

Nach dem Regen -

nasser Asphalt

in der Sonne

Der nasse Asphalt in der Sonne kann dampfen, glänzen, spiegeln, riechen, platschen, das alles bleibt unserer Vorstellung überlassen.

Der freche Sommer

Der Sommer ist ein frecher Mann:
Er will, wenn man das sagen kann,
die Frauen leicht bekleidet sehen,
lässt ihre Kleidchen fröhlich wehen,

wird sie auch manchmal ganz entkleiden,
um sich an ihnen dann zu weiden.

Malen im Wald

Im tiefen Wald steht deine Staffelei,
auf einer Lichtung äst ein scheues Reh
und grüßt verstohlen eine kleine Fee.
Ein Hirsch hebt stolz sein prächtiges Geweih.

Du malst allein und niemand stört dabei,
im Wald verborgen liegt ein klarer See,
eröffnet dir den Blick auf die Idee.
Dein Bild ist nunmehr rein und fehlerfrei.

Zur Ruhe lege dich ins weiche Moos,
sieh Nymphen dich in weitem Kreis umringen,
ihr Zauber lässt dich niemals wieder los.

Der Augenblick will dich mit Macht umschlingen,
du bist gefangen in des Waldes Schoß,
bis in der Ferne Abendglocken klingen.

Eine strenge Form (Sonett), aber der Inhalt ist zu lieblich. Ist das ernst gemeint? Ähnlich wie bei "Frühling": Kitsch oder Parodie? Das erfahren wir nicht, die Entscheidung liegt bei uns. Wie viele Ebenen gibt es hier? Existiert das verwunschene Plätzchen wirklich oder handelt es sich um eine Träumerei? Ob poetix malte? Hat er sich das alles nur ausgedacht? Einiges sicher, die Fee und die Nymphen zum Beispiel. Männerfantasien oder Romantik?

Was das Malen betrifft: Er hat irgendwann gemalt. Jedenfalls hat er behauptet, zu dem folgenden Gedicht durch ein eigenes Bild aus seiner Jugend inspiriert worden zu sein.

Hoffen

Die Welt ist wüst und leer.
Inmitten jenes Raumes,
wo kalte Träume schweben -
ein offnes, trocknes Meer.

Als Frucht des toten Baumes
entsteht das Menschenleben.

Dort welkt der Mensch dahin
und sucht nach einem Sinn,
 er fällt
  und sinkt,
   vergeht,
ein Blatt im Wind, verweht.

Die Zeit lässt alles offen.
Wenn vieles auch zerbricht,
so können wir doch hoffen:
auf mildes Sonnenlicht,
es hilft - nur jetzt noch nicht.

Auch hier wieder ein Oxymoron: die "Frucht des toten Baumes". Das erwähnte Bild lässt sich im Netz finden. Es zeigt einen toten Baum, Symbol des vergehenden Lebens, an dem, gewissermaßen als Frucht, eine menschliche Maske wächst, wie ein Blatt, das welkt. Der Baum steht in einer Landschaft, die einem ausgetrockneten Meer ähnelt und über der dunkle Kristalle schweben: die kalten Träume. Das einzig Hoffnungsvolle an dem Bild ist die Sonne im Hintergrund, eine Hoffnung für die Zukunft. Furchtbar pessimistisch, der Schluss kann es kaum herausreißen.

Das Bild wird (leicht farbverfremdet) auf dem Cover wiedergegeben.

Das war schwere Kost. Werd mal locker, poetix! Betreten wir nochmals die sinnfreie Zone!

Doppelmord

In einer kalten Winternacht im Mondenschein,

flog einst ein Mückenpärchen in ein Haus hinein.

Dort schliefen grad zwei Menschen tief und wonniglich,

da fragte keck die Mückerin den Mückerich:

"Wohin lädst du mich ein? Was machst du denn mit mir?

Was ist das für ein düstrer Raum, es ist doch hier

genauso kalt wie draußen." Darauf er zu ihr:

"Das schon, doch biet ich eine warme Mahlzeit dir."

Sie dankte sehr und ließ sich das nicht zweimal sagen,
sie setzte sich und schlug sich voll mit Blut den Magen.

Er selber aß nicht mit, ihm war noch nie nach Blut...
Die Menschen wachten später auf, ganz wohlgemut,
juchhe, da schlugen sie die beiden Mücken tot -
wozu denn nur? Das Blut war weg, der Fleck war rot.

Es kommt noch schlimmer. Warnung: Der Humor der nächsten Zeilen könnte für manche zu derb sein. Empfindliche Gemüter sollten daher das nächste Textchen überspringen. - Na dann, wer geblieben ist, ist selber schuld.

Murphys Gesetz

Herrn Murphy samt Gesetz nenn ich beflissen,
wenn ich schon wieder hab vorbeigesch...
Das Gleiche tu ich auch, passierts beim P...
Es ist Gesetz und rein bleibt mein Gew...

Graffiti von poetix? Gehört das hierher? Besser hierhin als an die Wände. Empfehlung: einfach vergessen!

doppelt

doppelt so genau

doppelt schuftet man am bau

doppelt sind die augen und so blau

doppelt ist das wau wau wau wau wau wau wau

doppelt dann der Kabeljau und grau   wau

doppelt sagt man es der frau   wau

doppelt so genau   wau

                                            wau

doppelt so genau   wau

doppelt schuftet man am bau   wau

doppelt sind die augen und so blau   wau

doppelt ist das wau wau wau wau wau wau wau

doppelt dann der kabeljau und grau

doppelt sagt man es der frau

doppelt so genau

So etwas wäre dann wohl ein experimenteller Text. Man braucht eine Weile, um sich darauf einzulassen.

Es folgt das Kapitel "Tierisches".

Tierasyl

Verfallen ist der Taubenschlag,
wer weiß, ob's an den Schrauben lag?
So sind zwei Tauben ausgeflogen
und gleich in unser Haus gezogen.
Hier leben sie als zahmes Pärchen,
daneben wohnt ein lahmes Bärchen.
Wir haben viele solche Tiere,
darunter auch der Molche viere.

Sie dürfen gern auch frei hier laufen,
nur Vorsicht, dass nicht zwei sich raufen!
Denn wer soll unsern Schmerz ermessen,
wenn etwa Löwen Nerze fressen?
Die Tiere muss man vorher trennen,
dass sie nicht durcheinander rennen.
Kein Tier wird uns von hier entrissen,
wir würden es sonst sehr vermissen.

Da wird man neugierig, ob es bei dir zu Hause wirklich so zuging, poetix. Fiktion oder Wirklichkeit? Wahrscheinlich hast du nur so drauflos fabuliert. Immerhin amüsant. Mit erweiterten Reimen - echte Schüttelreime sind es nicht.

Jetzt haben wir noch haufenweise Haufenreime. Was das soll?

Der ungestriegelte Beagle

Fehlt ihm der Striegel,

hilft sich der Beagle

vor seinem Spiegel

mit einem Igel.

Die nicht patzenden Katzen

Statt zu patzen,

schlagen Katzen

mit den Tatzen

nach den Ratzen,

bis sie platzen.

Das Taubenleben

Ein Taubenpaar - wie ist ihr Leben
vom Nestbau bis zum Liebe-Geben?
Das ist doch eigentlich ganz klar:
Sie opfern es am Nestaltar.

Wird denn ihr Dasein nicht verblassen,
wenn ihre Jungen sie verlassen?
So traurig sehen sie dann aus,
es bleibt für sie und uns ein Graus.
Als ob sich ihre Herzen lösten...
Doch können sie zu zweit sich trösten.

Wo immer die Gedanken weilen,
sie können das Vergangne teilen
und lieben sich ein Leben lang.
Ihr Gurren hat den gleichen Klang.

Das hat etwas Tröstliches für alle Eltern, deren Kinder eines
Tages aus dem Haus gehen. Fragt sich, ob poetix zu dem Zeit-
punkt, als er dieses Gedicht schrieb, vor solch einer Situation
stand. Vielleicht war es auch noch nicht soweit und er hatte nur
Angst davor. Aber, aber, poetix, das gehört zum Leben dazu.

Du wirst doch gewollt haben, dass deine Kinder eines Tages selbstständig werden und eine eigene Familie gründen. Außerdem können Menschen, anders als Tauben, nach der Trennung Kontakt halten. Kopf hoch!

Der allzu kleine Igel

Ach je, du armes Igelein,

du bist ja wirklich viel zu klein!

Wie willst du durch den Winter kommen?

Da wirst du von uns mitgenommen.

Wir nähren dich mit Katzenfutter,

umsorgen dich wie eine Mutter.

Und bist du schließlich groß und fett,

so heißt es: Tschüss, es war sehr nett!

Und einmal im Vorübergehen,

da werden wir uns wiedersehen.

Dabei wirst du uns nicht erkennen,

doch unsre Augen werden brennen.

Hutschiliputschili. Das dürfte etwas für Kinder sein (auch für kindgebliebene Erwachsene). Vielleicht haben poetix, seine Frau oder seine Kinder mal einen Igel über den Winter gebracht, vielleicht sogar öfter. Niedlich.

Ob die Kinder allerdings das mit den brennenden Augen verstehen werden? Gemeint ist offenbar jenes Gefühl, das man hat, wenn einem die Tränen kommen, hier die Tränen der Rührung bei der Begegnung, auch der Trauer, dass der Igel einen nicht wiedererkennt, dass man ihn nicht mehr vor den vielen Gefahren seines Igellebens schützen kann. Aber so ist der Lauf des Lebens und alles andere wäre nicht im Sinne des Igels.

Eine der Gefahren für den Igel ist es, bei Nacht überfahren zu werden. In der Leselupe wurde erwähnt, dass eine Interpretationsmöglichkeit für die letzte Zeile sein könnte, auf diese Gefahr hinzuweisen: die brennenden Augen = die brennenden Scheinwerfer. Dazu hat poetix erklärt, dass er selbst diese Interpretation nicht gesehen hätte, er sie aber reizvoll fände. So ist das manchmal: Die Gedichte entwickeln ein Eigenleben, sagen auf einmal Dinge, an die der (Pseudo-)Dichter gar nicht gedacht hatte.

Pferd und Reiter

Das Pferd trägt seinen Reiter,

trabt heiter immer weiter.

Der Reiter ist beleibter -

fällt er oder bleibt er?

Haha, das klingt wie "Hoppe hoppe Reiter", nicht nur wegen des gespaltenen Reimes am Schluss. Aber so was von überflüssig!

Ob das folgende Werk auch zu den Tiergedichten gezählt werden kann, wird nicht ganz klar. Drei Quartette im Kreuzreim.

Vollmond

Wer will nicht mit den Wölfen heulen,

wenn sacht das Herz des Menschen weint

und Schatten rings die Erde fäulen,

weil über ihr der Vollmond scheint.

Wie silbrig schimmern wir und falb!

Wir sehen dieses Spiel mit Bangen.

Es ist, als seien wir schon halb

aus unsrer Welt hinausgegangen.

Die andre Welt, sie zieht uns an,

im Diesseits hält uns nur die Sorge,

dass jene Macht sich irgendwann

das Tiefste unsrer Seele borge.

Wieder der Vanitasgedanke, den poetix so gern zelebrierte: Weltleid, faulende Erde, das Hinausgehen aus der Welt. Mit der Fellfarbe "falb" stellt sich die Frage, ob eine Verwandlung in einen Werwolf beschrieben wird. Diese Frage betrifft aber nur

Äußerlichkeiten und wird nicht beantwortet. Die eigentliche Sorge gilt dem "Tiefsten der Seele" und der Möglichkeit des Verlustes desselben durch Mächte, die nur ansatzweise erkannt werden.

Da wir bei den unheimlichen Begegnungen sind, noch dies.

Begegnung im Nebel

Der Nebel stieg die letzten Stunden,
es hob sich wallend eine Wand.
Dahinter ist die Welt verschwunden
und, während sie im Nichts verschwand,
erweckten Schwaden in mir Tiefen,
die besser im Verborgnen schliefen.

Ich scheine in ein Loch zu fallen,
wo dunkle Schemen lauern, lallen.
Schon löst sich jemand aus dem Dunst
und nähert sich mit weiten Armen.
Gewährt ein Geist mir seine Gunst?
Hat er mit Sterblichen Erbarmen?

Zu jammern scheint er und zu klagen,
er deutet an, verspricht recht viel,

auch will er mir wohl etwas sagen,

verschleiert sich und spielt ein Spiel.

Hat er mich etwa ausgelacht?

Da wird der Schatten schon zerrissen:

Es ist ein leichter Wind erwacht.

Die Wahrheit werd ich niemals wissen.

Da wird ein Geist erwähnt, seine Existenz bleibt zweifelhaft. Kann man das als übersinnlich bezeichnen oder nicht?

Nicht? Dann also explizit Übersinnliches. (Auch Prosa muss erlaubt sein.)

Ein Wiedersehen

Frau Schmidt war noch bei Bewusstsein. Sie war gerade erst in den OP gebracht worden. Merkwürdig, wie ruhig sie war. Dabei bedeutete dieser Raum etwas für sie. Hier war vor fünf Jahren ihr Mann gestorben. "Mors in tabula" nannte man das, als ob einem der Tod auf einer Tafel serviert würde. Sie war eine vernünftige Frau. Trotzdem hatte sie damals sehr gelitten. Oft hatte sie danach noch geglaubt, die Stimme ihres Mannes zu hören. Es war nur eine Stimme in ihrem Kopf. Ihr Verstand sagte ihr, dass es nicht wirklich ihr Mann sein könne, aber ihr Herz wollte glauben, dass er es doch wäre. So wurde sie hin- und hergerissen zwischen Glauben und Zweifeln. Meistens hatte sie seine Stimme gehört, wenn sie in schwierigen Situationen war. Auch heute war sie wieder in einer schwierigen Situation. In dieser OP ging es um Leben oder Tod. Ob ihr Mann wieder zu ihr sprechen würde?

Sie hatte ein Beruhigungsmittel bekommen und wurde langsam müde. Der Anästhesist begann, langsam die Narkose einzuleiten. Wie die Zeit auf einmal stehen zu bleiben schien! Ihre Augen waren zugefallen und sie glaubte, das Gesicht ihres Mannes vor sich zu sehen. Er sah sie zärtlich an und dann sprach er mit ihr. Er beruhigte sie, sagte ihr, dass sie keine Angst haben müsse. Er sei ja bei ihr. Er fasste sie bei der Hand. "Komm mit mir!", sagte er. Sie hatte überhaupt keine Angst und folgte ihm. Aber sie gingen nicht, sie schwebten. Es war seltsam: Als sie sich umwandte, sah sie sich noch auf dem OP-Tisch liegen. Dann blickte sie wieder nach vorne. Sie schwebten auf ein weißes Licht zu. War es eine OP-Lampe? Nein, dieses Licht war viel schöner als das einer Lampe, es verströmte Wärme, strahlte Geborgenheit aus und zog sie an. Sie war jetzt glücklich, umarmte ihren Mann und gemeinsam tauchten sie ein in das Licht.

Die Ärzte hatten ihr Bestes versucht, vergeblich. "Zeitpunkt des Todes: zwanzig Uhr fünfzehn", sagte einer. Dann gingen sie zum nächsten Patienten. Keiner bemerkte das glückliche Lächeln auf dem Gesicht der verstorbenen Patientin.

Da fließen Berichte über Nahtoderfahrungen ein. So etwas gibt es ja. Es würde interessieren, ob poetix tatsächlich geglaubt hat, dass diese Berichte eine Realität widerspiegeln, dass das

Erlebte eine Fortsetzung finden könnte. Die Geschichte legt das nahe. Ob er es ernst meinte, erfahren wir natürlich nicht. Wir können gleich mit Prosa weitermachen.

Das Einhorn und der Mond

Es war einmal ein Einhorn. Ganz allein lebte es im Wald. In manchen Nächten tauchte der Mond das Einhorn in silbriges Licht. Das Einhorn empfand tiefe Dankbarkeit dafür - mehr noch: Es liebte den Mond seit Langem, wenn auch nur aus der Ferne. Der Mond wusste nichts davon. Wie sollte er auch: Die Welt war so groß. Er schwebte darüber, ohne sich darum zu kümmern. Ein bisschen eitel war er vielleicht schon, wie er so über der Erde thronte; aber er war ja auch wirklich schön anzusehen.

Allzu gern wollte das Einhorn dem Mond nahe sein. Doch wie sollte das geschehen? Es schien unmöglich zu sein. So verzehrte es sich vergeblich vor Sehnsucht. Wer in sein Herz hätte sehen können, hätte gewusst: Seine Liebe war rein. Was konnte es nur tun, um den Mond auf sich aufmerksam zu machen? Jede Nacht sang es dem Mond mit kristallklarer Stimme seine besten Lieder vor, aber - ach - der Mond konnte es nicht hören. Jahre vergingen, das Einhorn alterte nicht und auch seine Liebe verging nicht. Sollte es die Hoffnung aufgeben?

Schließlich, fast am Ende seiner Hoffnung, ging das Einhorn zur weisen Eule und klagte ihr sein Leid. Die Eule dachte lange nach, dann sagte sie: "Wenn ich auch nicht weiß, ob ich dir helfen kann, so will ich es doch zumindest versuchen. Vielleicht kannst du die Aufmerksamkeit des Mondes erringen, aber es wird dich dein Leben kosten. Bist du dazu bereit?" Das Einhorn erwiderte: "Für ein einziges Wort vom Mond würde ich gern sterben." - "Nun gut", meinte die Eule und gab dem Einhorn drei Dinge: einen Hering, einen Apfel und einen Käfer. "Geh morgen früh zum Meeresstrand und rufe den Sägefisch, gib ihm den Hering und bitte ihn, dir dein Horn abzusägen. Dann geh zum Biber, gib im den Apfel und bitte ihn, das Horn zu zerraspeln und die Späne mit Schlamm zu vermischen. Den Brei soll er auf den Stumpf streichen und du musst dabei die Worte sprechen: 'memet sacrum faciam'. Zu dieser Zeit dürfte es schon Nachmittag sein. Ruhe dann bis zum Einbruch der Nacht. Inzwischen wird aus dem Stumpf eine wunderschöne Blume gewachsen sein. Allerdings wird dich das deine ganze Lebenskraft kosten. Du musst sterben. Jedoch wirst du noch ein wenig Zeit haben. Ruf die Fledermaus, gib ihr den Käfer und bitte sie, dir die Blume abzubeißen. Wenn der Mond aufgeht, geh auf einen Hügel und lege die Blume dort für den Mond nieder. Wenn du Glück hast, wird der Mond sie sehen und mit dir sprechen."

Das Einhorn willigte ein und ging am nächsten Morgen zum Meeresstrand. Es rief den Sägefisch, gab ihm den Hering und bat ihn, das Horn abzusägen. Der Sägefisch hatte Mitleid mit dem Einhorn und gab zu bedenken: "Wenn du das zu Ende führst, wirst du sterben. Überlege es dir noch einmal. Bleib doch hier am Strand und ich werde dir jeden Abend Geschichten erzählen von den Schiffen und den Küsten, an die ich komme." Aber das Einhorn sehnte sich nach dem Mond und lehnte dankend ab. Also sägte der Sägefisch ihm das Horn ab.

Nun ging das Einhorn zum Biber, gab ihm den Apfel und bat ihn, das Horn zu zerraspeln. Auch der Biber hatte Mitleid, aber auch er konnte das Einhorn nicht umstimmen. Also zerraspelte er das Horn und vermischte die Späne mit Schlamm. Es bestrich den Stumpf damit, das Einhorn sprach "memet sacrum faciam" und wartete ab. Bei Einbruch der Nacht war aus dem Stumpf eine wunderschöne Blume gewachsen und das Einhorn war sehr schwach geworden. Es war die schönste Blume der Welt. Sie leuchtete von innen. Das Einhorn rief die Fledermaus, gab ihr den Käfer und bat sie, die Blume abzubeißen. Die Fledermaus musste weinen, als sie das sterbende Einhorn sah, aber sie tat, worum sie gebeten worden war. Inzwischen war der Mond aufgegangen. Das Einhorn nahm die Blume und schleppte sich mit letzter Kraft auf einen nahe gelegenen Hügel, auf dem Schafe weideten. Dort legte es die Blume aufs Gras und sich selbst zum Sterben daneben. Seine brechenden Augen spiegelten den Mond. Aber der Mond bemerkte das Einhorn noch immer nicht. Er wusste nicht einmal, dass es existiert. Er bemerkte auch die Blume nicht.

Die Blume blieb liegen und wurde von den Schafen zertrampelt.

Das Einhorn aber lag tot daneben und zerfiel zu Feenstaub. Dieser stieg hoch empor in den Himmel, bis zum Mond. So kamen sie doch noch zusammen, das Einhorn und der Mond.

In manchen kalten Nächten können wir die beiden auch heute noch zusammen sehen. Dann beobachten wir, wie eine silbrig glänzende Staubwolke den Mond umhüllt, ihn liebkost und streichelt und mit ihm über die Erde schwebt.

Traurig-schön. Eine hoffnungslose Liebe - erstaunlich, wozu sie fähig ist. Erinnert an Andersens Märchen. Wahrscheinlich nicht jedermanns Sache, aber manche werden es lieben. Wollen wir nur hoffen, dass dem Märchen nicht irgendeine wahre Episode aus poetix' Leben zugrunde liegt. Einige Leser beklagten das melancholische Ende. Es muss so sein. Das Einhorn scheitert zwar vollkommen mit seiner Liebe, aber in einer traurigen, merkwürdigen, unvorhersehbaren Weise gelangt es doch noch ans Ziel. Es ist oft so im Leben: Man scheitert und aus der Wehmut entsteht etwas Neues, anderes, etwas, an das man gar nicht gedacht hatte. Gilt nicht Gleiches für unser ganzes Leben? Wer weiß, was nach dem Ende, dem Tod, an Überraschungen kommt? Und im täglichen Leben: Sollten wir nicht versuchen, auch dem größten Scheitern noch etwas Positives abzugewinnen? Noch mehr Prosa?

Weiße Weihnachten

Es war einmal eine junge Mutter. Sie war eine herzensgute Frau und hatte noch niemals jemandem etwas Böses getan. Die Umstände hatten dazu geführt, dass sie sehr arm war, so arm, dass sie keine Wohnung hatte. Sie irrte mit ihrem Baby, einem Mädchen, durch die Straßen der Stadt. Der Vater des Mädchens war bei einem Unfall gestorben und so waren Mutter und Tochter ganz allein.

Es war Heiligabend und es war sehr kalt. Eine Kältewelle hatte das Land erfasst. Die Temperaturen lagen weit unter dem Gefrierpunkt und viele Tiere waren schon erfroren. Überall lag Schnee. Die Menschen in den warmen Wohnungen freuten sich über den Schnee. Sie sagten: "Wie schön, wir haben weiße

Weihnachten!" Aber die arme Mutter freute sich nicht über den Schnee. Sie hatte nicht genug warme Kleidung und fror entsetzlich. Aber das Baby hatte sie warm eingewickelt. Aus den dicken Decken lachte ihre Tochter sie fröhlich an. Sie war das Einzige, was sie hatte auf der Welt. Sie liebte sie über alle Maßen.

Obwohl das Baby warm eingepackt war, war es krank geworden. Die Mutter machte sich große Sorgen. Für einen Arzt hatte sie kein Geld, auch Medikamente und genug zum Essen konnte sie dem Kind nicht bieten. Wenn sie erfror, wer sollte für das Kind sorgen? Was für ein Leben sollte es haben, wenn es aufwuchs? Die Mutter sah keinen Ausweg, als das Kind in die Obhut einer reichen Familie zu geben. So legte sie das Baby vor die Tür einer vornehmen Villa, klingelte und versteckte sich hinter einem Busch. Die Tür wurde geöffnet und eine gut gekleidete Dame nahm das Baby mit ins warme Haus. Die Leute in dem vornehmen Haus hatten sich schon lange vergeblich ein Kind gewünscht. Sie freuten sich über das Baby und glaubten, der liebe Gott hätte ihnen ein Weihnachtsgeschenk gemacht. Sie nahmen das Baby wie eine Tochter auf. Die Mutter hinter dem Busch weinte. Sie war sehr traurig, aber auch beruhigt: Jetzt würde es ihrem Kind gut gehen, es würde überleben.

Gegenüber der Villa war der Stadtpark. Dort gab es ein kleines Tannenwäldchen. Die Mutter machte sich auf den Weg dorthin und stellte sich vor, die Tannen wären Weihnachtsbäume. Der Gedanke, dass sie Weihnachten ohne ihr Baby verbringen sollte, brach ihr fast das Herz. Sie wusste nicht, ob sie in ihrer dünnen Kleidung die eisige Nacht überleben würde und sie hatte auch aufgegeben, gegen die Kälte anzukämpfen. Ohne ihre Tochter hatte sie der Lebenswille verlassen.

Als sie auf die Tannen zuging, sah sie durch ihren Tränenschleier eine Krippe unter den Bäumen und daneben Josef und Maria. Sie wusste nicht, ob sie träumte oder wachte, aber, als sie näher kam, winkte Maria sie zu sich heran. Sie trat hinzu und kniete vor dem Christkind nieder. Die arme Frau war schon sehr lange nicht mehr freundlich berührt worden, außer von ihrem Baby. Jetzt aber lächelte Maria sie an und strich ihr liebevoll übers Haar. Da wurde sie ganz ruhig, eine wundersame Wärme durchströmte sie. Sie spürte die Kälte nicht mehr und fühlte sich wohl. Maria lud sie ein, sich neben die Krippe zu legen. Das tat sie und plötzlich erschienen überall zwischen den Bäumen Engel und sangen. Was sie sangen, ähnelte Weihnachtsliedern, klang aber viel schöner als irgendeine menschliche Musik. Die Frau schloss glücklich die Augen und schlief friedlich ein.

Am nächsten Tag fand die Polizei die Frau tot unter den Bäumen. Die Untersuchung ergab, dass sie erfroren war, mit einem Lächeln auf den Lippen. Die arme Frau wurde auf Kosten der Gemeinde bestattet. Ihre Seele aber kam in den Himmel. Sie erhielt die Lichtgestalt eines Schutzengels. So kehrte sie auf die Erde zurück, wo sie über ihre Tochter wachte, solange diese lebte. Auf diese Weise kamen Mutter und Tochter doch wieder zusammen und waren miteinander viel vertrauter, als je zwei Menschen es hätten sein können.

Ist das ein Märchen oder eine traurige Geschichte? Vielleicht sogar wieder sentimental? Wo ist die Grenze? Oder ist es gar eine Parodie? Hier stehen wir vor demselben Problem wie bei den Gedichten "Frühling" und "Malen im Wald". Wir wissen es nicht. Anscheinend machte sich poetix zuweilen ein Vergnügen daraus, im Undefinierbaren zu verweilen. Er will sich nicht festlegen lassen. "Non ubique omnia esse dicenda" ("Man darf nicht überall alles sagen"), stellte schon Luther fest und bezog sich dabei auf Äsops Fabel vom Fuchs, der einen Schnupfen vortäuschte, als der Löwe ihn nach dem Geruch in seiner Höhle fragte.

Vom Gefühlsbetonten jetzt zum Unromantischen - noch einmal experimentelle Lyrik.

Das Glück in der Lücke

vögel des himmels zelt wölbt sich mutterbauch gebiert

säuglinge(n) milch und allen den saft des lebens geben

das hamsterrad entdecken und laufen bis das Ende friert

jeder giert nach mehr lieber mal was auslassen hab mut

zur		lücke
muss		sein
sie 7.		aus
soweit		nötig
darum		liegt
das	GLÜCK	in
der		lücke

sie werden alles finden was sie sollen ist genug und gut

füllen müll in tüll gefühle mit unnützen dingen fangen

sterben und leben das karma beenden einziges streben

zu(m/r) (g)lück(e) können wir verzichten(d) gelangen

Triviales (Entschuldigung).

Gipfelaussicht

Ich steh auf diesem Gipfel, dreh mich um und seh,
woher ich komme und wohin ich geh.
Ich glaub, die ganze Welt zu sehen, bin berührt.
Doch weiß ich, dass der Weg nun abwärts führt.

Tulpenblüte -
meine Nase über
dem Kelch

Warum steht dieses Haiku nicht bei den Jahreszeitengedichten? Weil es nicht nur ein Frühlingsgedicht ist. Es kann auch einen anderen Nachhall haben: In einem Forum sah eine Teilnehmerin bei diesem Text die Nase des Autors über einer Pilstulpe. Prost!

Die experimentellen Werke waren teilweise schon unge-
reimt. Da fehlt noch ein "normales" ungereimtes Gedicht.

Gegenüber

Du sitzt mir gegenüber,

wir spiegeln uns -

mein Bild in deinem;

wir suchen einander

im Zwielicht.

Da bist du,

ich erkenne dich,

dein Gesicht leuchtet auf,

die Augen sehen mich

und freuen sich.

Meine Augen sinken

in die deinen,

tauchen ein

in deine Ruhe,

die sich langsam öffnet.

Ja, die Situation kommt rüber. Trotzdem stellt sich die Frage, ob das in Reimen nicht schöner gewesen wäre? Klar, du hast etwas probiert, poetix, aber wahrscheinlich sind deine gereimten Gedichte besser.

Also wieder ein gereimtes Gedicht.

Das Blasophem

In Blasen spricht das Blasophem;
es ist verwandt dem Nasobem,
das Christian Morgenstern ersann,
nur trifft man es viel öfter an.

In Comics ist es wohl zu Haus,
doch bricht es leider manchmal aus
und landet in der Politik,
gesetzt den Fall, es fehlt Kritik.

Die Blasen sind weithin beliebt,
man staunt, was es so alles gibt.
Die meisten platzen zwar am Ende,
jedoch vergisst man das behände.

Das ist lustig. Jeder hat irgendjemanden vor Augen. Natürlich jeder einen anderen. Im Kleinen wie im Großen. Aus persönlicher Bekanntschaft oder aus dem Fernsehen. Gestern, heute und wahrscheinlich morgen. Es ist doch so: Blasensprecher gibt es überall. Die Menschen wollen von Blasensprechern geführt werden. „Mundus vult decipi." („Die Welt will getäuscht werden.") Hat poetix da eigene Erfahrungen machen müssen?

Als Kalligramm bezeichnet man ein Gedicht, das durch sein gedrucktes Erscheinungsbild eine Figur bildet. Alternativ kann man es Figurengedicht nennen. Hierbei wird versucht, eine Korrespondenz zwischen dem Textinhalt und dem gedruckten Erscheinungsbild herzustellen.

Wir sehen uns auf der nächsten Seite ein Kalligramm von poetix an. Zunächst, ohne auf den Inhalt zu achten: An was erinnert die Figur? Na ja, eine Meisterzeichnung ist es nicht, eher neolithisch.

Der Titel des Kalligramms lautet „Venus". Das verrät natürlich schon vieles, aber es ließ sich nicht anders machen. Der Titel musste schon auf dieser Seite genannt werden, da das Kalligramm die gesamte nächste Seite füllt, so dass er dort keinen Platz mehr gehabt hätte.

Dein Gesicht will sprechen,
ohne viel zu sagen,
deine Blicke fragen,
ohne mich zu brechen.

Göttin, deine kühlen

Formen, die sich runden,

will man gern erkunden,

schauend und durch Fühlen.

Makellos, vollkommen
stehst du da, aus Stein,
willst unnahbar sein.
Höhnst du aller Frommen?

Wie sie dich verehren,

dir zu dienen eifern,

wie sie sabbern, geifern,

heimlich Sex begehren.

Schnell kann sich das wenden:
Die noch zu dir beten,
werden bald zertreten.
Grausam wird es enden.

Erkannt? - War das erotisch oder zum Nachdenken?

Nun wieder zu Ernsthaftem.

Sein und Vergehen

Was soll nur werden, was, aus unserm Sein?
Das Sein vergeht, das sich ins Meer ergießt,
wo schließlich alles Menschliche zerfließt.

Denn dies verteilt sich mehr mit jeder Welle,
zu Wasser wunderwandelt sich der Wein.
Beschritten ist der Weg vom Ich zum Wir,
das will man nicht und klammert sich ans Hier.

Mein enger Geist! - Es ist so schwer zu fassen:
Am Ende kehren wir zurück zur Quelle,
doch müssen wir erst alles gehen lassen.

Die alte Atman-Brahman-Geschichte, diesmal mit christlichen Motiven vermischt (die wundersame Wandlung von Wasser zu Wein, hier in umgekehrter Richtung). Ein kleiner Philosoph, unser poetix, aber er wiederholt sich.

Der Wahrheitsbaum

In seinem Walde steht der Wahrheitsbaum,
umgeben rings von Buchen, Tannen, Eichen.
Nach Wahrheit gräbt er tief in Erdenreichen,
nach oben reckt er sich und schafft sich Raum.

Der Boden, nein, enthält die Wahrheit kaum,
der Baum kann seine Ziele nicht erreichen.
Zwar trifft er Schemen, die der Wahrheit gleichen,
doch reine Wahrheit bleibt für ihn ein Traum.

Vergeblich will der Baum die Sonne greifen,
er lässt, was er für wahr hält, fruchtig reifen.
Zur Sonne wachsen diese Früchte nicht.

Die Blätter fangen an, weithin zu schweifen
und segeln langsam ihre großen Schleifen.
Die Sonne taucht den Baum in goldnes Licht.

Gibt es die absolute Wahrheit überhaupt? Die Frage ruft
Kierkegaard und Wittgenstein auf den Plan. Dann fallen einem
noch Einwände wie der Vorwurf des Zirkularismus ein oder
man denkt an Quantenlogik. Aber auch in der Lebenswelt kann

es sein, dass es eine Wahrheit gibt, man sie jedoch nicht findet, weil man vor lauter Bäumen den Wald nicht sieht.

Ob es die Wahrheit gibt oder nicht, es liegt in der menschlichen Natur, nach ihr zu suchen. Man will über sie zu Höherem gelangen. Aber wo sucht man nach ihr? In der Erde? Wenn poetix die indische Philosophie mochte, könnte die Erde hier für Maya stehen, die Scheinwelt. Eine Scheinwelt mit einer Scheinwahrheit. Dann wieder ein christliches Motiv: das Sonnenlicht, die göttliche Gnade. Trotz des notwendigen Scheiterns kann das Streben nach Wahrheit richtig sein. "Wer immer strebend sich bemüht, den können wir erlösen" (Goethe). Was auch immer wir uns von der Wahrheit erhoffen, wir können es nicht verdienen, indem wir die Wahrheit finden; aber wenn wir uns um die Wahrheit bemühen, können wir vielleicht Gnade erlangen und Erfüllung geschenkt bekommen.

Frei nach Epimenides (das ist der mit den lügenden Kretern): „Die Wahrheit ist, dass es keine Wahrheit gibt" (Isaac Bashevis Singer).

Die Straßenlaterne

Die Straßenlaterne hält Wacht

in samtener mondheller Nacht.

Die Bank dort, sie lädt jeden ein,

ein Stündchen Clochard mal zu sein.

Das Bildnis der Eltern

Jetzt sehe ich es wieder,
dies Bild von irgendwann.
Ich schließe meine Lider
und seh' es trotzdem an.
Es hilft und macht mir Mut.

Die mir entgegenstrahlen,
die Züge kenn ich gut -
ich könnte sie fast malen:

Wie formten Falten sich!
Die Münder hört ich rufen,
die Augen sahen mich. -
Was diese Hände schufen!

Doch wurde mir gegeben,
was keiner malen kann:
viel Liebe und mein Leben.

Um deine Kindheit, deine Eltern kann man dich beneiden, poetix. Eine schöne Erinnerung.

Einsamer Cowboy

Die Augen hart wie Stahl,
dahinter blankes Nichts:
die Leere des Gesichts.
Das Lächeln wird zur Qual.

Und wieder musst du reiten ...

Wovor läufst du nur weg,
vorbei an Berg und Tal
in endlos karge Weiten?
Du nimmst ihn mit, den Dreck.

Dein letzter Ritt hat Zeit,
er wartet schon so lang.
Doch dann - es ist so weit:

... dein Sonnenuntergang.

Yipie I oh, yipie I ay! (Johnny Cash / Ghost Rider) - Und El-
vis sang: Gotta rope and tie that dream of mine. Auch Lucky

Luke fällt einem ein. War poetix ein einsamer Wolf, meinte er sich selbst mit dem Cowboy, war das Selbstironie, Problembewältigung oder sprach er von jemand anderem, machte er sich über einen verbissenen Kämpfer lustig?

Wer ist denn das?

Das Gesicht

Ist das mein Gegenüber?
Ein seltsames Gesicht!
Das Tageslicht wird trüber,
so recht seh ich es nicht.

Ein leises Lächeln streift
die Züge, die erwachen,
sobald ein Schmunzeln reift;
doch wird es nicht zum Lachen.

Verschmitzt der Blick am Ende,
er schwimmt im Ungefähr,
und ginge durch die Wände,
wenn da kein Spiegel wär.

Ach soooo.

Immerhin erfahren wir, dass poetix lieber geschmunzelt hat als gelacht, also eher der leise Typ war als der laute. Ein bisschen verschmitzt, insgesamt aber wohl ziemlich unauffällig, sonst wäre mehr erwähnt worden.

Noch ein Limerick.

Überstürzte Hochzeit

Zum Hochzeit lädt Friedrich aus Hagen,

er kann kein Warten ertragen.

Für alle gibt's Essen,

nur hat er vergessen,

die Frau überhaupt mal zu fragen.

Man denkt an Friedrichshagen, an Gunther und Brünhild und das war's dann schon.

Zu etwas ganz anderem. Hier stellt sich ein Gedicht vor, zu dem poetix auch ein dazugehöriges Essay verfasst hat. Dadurch erfahren wir, was er sich bei dem Gedicht gedacht hat. Es geht um die Struktur der Zeit und er hat versucht, einen Bezug zwischen dichterischen Chiffren und der modernen Physik herzustellen. Nanu. Hatte poetix etwas mit Physik zu tun? War das womöglich sein Beruf? Wie er die beiden Gebiete miteinander verbunden hat, darauf darf man gespannt sein.

Die schäumende Zeit

Mit dir zusammen sein -
wie brennen deine Gluten!
Mich packt ein wilder Rausch,
die Zeit stürzt krachend ein,
verwirbelt mich in Fluten,
die Welt blitzt auf im Tausch.

Die Augenblicke rasen
und platzen wie die Blasen.
Kaum da und schon vorbei,
aus einem werden zwei.

Vergangenheit der eine,
der zweite ist das Jetzt.
Sie sprudeln um die Wette
und bilden eine Kette.
Mein Schicksal wird ersetzt,
das deine wird das meine.

So perlt die Zeit und schäumt,

berauschend schmeckt sie mir.

Ich teile sie mit dir -

das ist doch nicht geträumt?

Die schäumende Zeit - Parallelen zwischen der kognitiven Erfahrung des Augenblicks und der modernen Physik

Ein Essay

Kann Zeit schäumen? Kann man sie überhaupt wahrnehmen? Kann man nicht, sagt Kant. Nach seiner "Kritik der reinen Vernunft" gehört die Zeit zu den reinen Anschauungsformen, ist selbst also keine Wahrnehmung. In unserer psychischen Realität glauben wir aber, sie wahrzunehmen. Ein Beispiel: Von Thomas Mann wird im "Zauberberg" beschrieben, dass die Zeit subjektiv schneller oder langsamer vergehen kann, je nachdem, ob man an etwas interessiert ist oder sich langweilt. In unserer psychischen Realität existiert also eine Auffassung von Zeit, die sich in der erkennbaren äußeren, der physikalischen Welt nicht widerzuspiegeln scheint.

Wenn man Zeit wahrnimmt, macht sich eine merkwürdige Eigenschaft bemerkbar: Sie scheint in Augenblicke strukturiert zu sein. Wie eine Perlenschnur. Sie perlt. Das ist ein Phänomen, das neuropsychologisch gut untersucht ist. Zeitintervalle, die wir als solche gerade noch wahrnehmen können, haben Dauern im Hundertstel- bis Zehntelsekundenbereich. Das Zeitintervall, das man neuropsychologisch als Gegenwart wahrnimmt, dauert um die drei Sekunden lang und zerfällt in etwa hundert kleinste Teile. Ob man die Gegenwart oder einen ihrer Teile als "Augenblick" auffassen will, ist nicht definiert und bleibt dem jeweiligen Sprachgebrauch überlassen.

In der Physik wird die Zeit meist als kontinuierlich voranschreitend angenommen. Meist, aber nicht immer. Die Zeit zu "körnen", sie in kleinste unteilbare Einheiten aufzuteilen, erinnert an die Quantentheorie. Schon seit einiger Zeit wird im Rahmen dieser Theorie darüber diskutiert, ob man nicht die Zeit körnen müsste. Es ist in der Tat bekannt, dass es im Prinzip ein kleinstes Zeitintervall gibt, das mit keinen Mitteln mehr aufgelöst werden kann: die Planck-Zeit.

Man gelangt zu diesem Begriff, indem man an die Grenzen der menschlichen Erkenntnis geht. In der Physik gibt es nämlich mindestens zwei solche Grenzen: zum einen die quantenmechanische Unschärfe. Sie sagt uns, dass wir nicht alle physikalischen Größen gleichzeitig mit beliebiger Genauigkeit messen können. Zum anderen kennen wir die Unmöglichkeit, Informationen aus dem Inneren eines schwarzen Loches zu erhalten. Die Kombination dieser beiden Unmöglichkeiten menschlicher Erkenntnis führt zur Planck-Zeit. Diese Zeit ist allerdings so aberwitzig kurz, dass wir die Körnung niemals wahrnehmen könnten. Das heißt, die kognitive Körnung der Zeit ist rein psychisch bedingt. Die Parallelität zur Physik gibt trotzdem die Frage nach dem "Warum" auf.

Zunächst: Wir haben gesehen, dass Zeit perlen kann. Aber schäumen? Da fehlt noch eine Zutat: die "Entfaltung von Welten". Dies ist eine Situation, wie sie in der Everett-Interpretation der Quantenmechanik postuliert wird. Bei jeder Wechselwirkung eines denkenden Wesens mit einem Objekt spaltet sich nach dieser Interpretation die Realität auf, je nach dem Ausgang der nicht vorhersagbaren Wechselwirkung: Jede mögliche Realität wird auch verwirklicht, und zwar in dem entsprechenden Universum. Was für ein Bild: In jedem Augenblick eine Vielzahl von neuen Universen zu öffnen! So entstehen Myriaden von Universen. Daher das Schäumen. Es gibt allerdings einen Wermutstropfen: Die Universen können nicht miteinander wechselwirken, können demnach auch nichts voneinander wissen. Das bedeutet, dass wir auch diesen Effekt, die Entfaltung von Welten, nicht wahrnehmen können. Es gibt ihn nur in der physikalischen Theorie. Kann man dann sagen, dass die Zeit schäumt? Dazu müsste es wiederum ein entsprechendes interindividuell vermittelbares Phänomen in unserer Psyche geben.

Der Schlüssel liegt in der Umkehr der Reihenfolge: Nicht die physikalischen Theorien erklären unsere psychische Realität, sondern unsere psychische Realität erklärt die physikalischen Theorien. Wie Heisenberg sagte: "Wissenschaft wird von Menschen gemacht." Und Menschen können nur Begriffe ausarbeiten, die in irgendeiner Weise schon in ihnen angelegt waren. Dazu auch Goethe: "Wär nicht das Auge sonnenhaft, die Sonne könnt es nie erblicken..." Die Grundbegriffe physikalischer Theorien stecken schon tief in unserer Denkweise, evolutionsbedingt. Wir kennen sie aus unserer psychischen Situation und sie gehen den Theorien voraus, ohne dass wir uns dessen bewusst wären. Sie gründen in unserem kollektiven Unbewussten. Da kommen übrigens auch die dichterischen Chiffren her und deshalb werden sie verstanden. Die Existenz der entsprechenden physikalischen Theorien bietet den Beweis, dass das Schäumen der Zeit im kollektiven Unbewussten angelegt ist und somit eine interindividuelle Empfindung, eine gültige Chiffre, sein kann. Die Chiffre von der schäumenden Zeit umfasst natürlich mehr als das. Das gilt es zu erspüren. Aber wir wissen, dass dieses Erlebnis uns allen gemeinsam ist. Lassen wir uns also die Zeit wie Champagner schmecken!

Eigentlich ist damit alles gesagt. Was bleibt, wenn man die Physik herausnimmt? Zunächst die Einsicht, dass man dichterische Chiffren nicht auf gut Glück aus dem Wörterbuch herauspicken sollte, dass sie eine Berechtigung habe sollten, es muss ja nicht immer eine physikalische Begründung dahinter stehen. Und dann - natürlich - ein Liebesgedicht! Aaach ja. (Schmacht...)

Geschenkte Zeit

Erst droht das Zeitversiegen ...
doch dann: ein Zeitgeschenk,
das lässt wohl keiner liegen.

Ich nipp an dem Getränk,
das man mir da kredenzt,
und sammle Stunden ein.
Wird Leben so ergänzt?

Da fühlt man sich ganz klein,
genießt nur das, was geht -
für vieles ist's zu spät.

Wie kindisch alle Sorgen!
Ich spüre Dankbarkeit
für die geschenkte Zeit.
Was kümmert mich das Morgen!

Die Angst, das Zeitliche zu segnen, wer hat die nicht schon
einmal gehabt? Das führt zum klassischen Memento-mori-
Motiv. Nur gehört dazu auch "poenitentiam agite" ("tut Buße").
Und was hat poetix daraus gemacht? Er wollte die verbliebene
Zeit genießen! So war das seinerzeit nicht gemeint.

Philemon und Baucis

Was Götter ehren,
die Bäume sagen
und Mythen lehren
von alten Tagen,
wirst du dich fragen:

Liebe!

Das kann es geben:
einander zu
sich traulich neigen,
in tiefer Ruh
das Schicksal teilen:

Liebe!

Im Tod noch leben -
wie Eiche und Linde
in tiefem Schweigen
für immer verweilen:

Rinde an Rinde.

In der Story bezog sich poetix auf die antike Sage von Philemon und Baucis, einem alten Ehepaar, dem aufgrund seiner Gastfreundlichkeit von den Göttern der Wunsch gewährt wurde, sich nie trennen zu müssen, und die beide zur gleichen Zeit sterben durften. Nach ihrem Tod verwandelten die Götter die Eheleute in nebeneinanderstehende Bäume, Philemon in eine Eiche und Baucis in eine Linde.

Das ist zwar ein Liebesgedicht, aber schon wieder über den Tod hinaus gedacht. Er konnte es einfach nicht lassen, poetix, immer nach Tiefe strebend.

Gut - wenn es denn immer wieder um das Jenseits gehen soll, was hatte poetix über Gläubigkeit zu sagen?

Ehrfurcht

Suchen wir ein übergroßes Sein,

ehren unbestimmt erspürte Macht?

Oder fühlen wir uns nur ganz klein,

suchen Trost und Halt in dunkler Nacht?

Jeder erfährt dieses Sehnen,

keiner versteht es beizeiten.

Soll das Verstehen sich dehnen,

muss das Gefühlte uns leiten.

Offenbar ein innerer Dialog, die erste Strophe fragend, die zweite antwortend, die erste in Trochäen, die zweite in Daktylen. Es geht hier ganz eindeutig nicht um die Ehrfurcht vor einem Menschen, sondern vor einer höheren Macht, die wir unbestimmt erahnen. Er (poetix) fragt sich, ob es wirklich Ehrfurcht ist, die er spürt, oder nur das Gefühl der Machtlosigkeit, der Kleinheit im Irdischen. Die Frage beantwortet sich eigentlich selbst: Wir fühlen uns klein, eben weil wir die Größe jener Macht spüren. Der Text geht daher gleich zur Erklärung über: Dieses Sehnen ist uns Menschen allen mitgegeben. Wir können es erfühlen, auch wenn das Verstehen noch nicht so weit ist.

Damit hat poetix unsere Situation im Glauben beschrieben. Man spürt diesen unbestimmten Glauben, wir wünschen zu glauben, können aber nicht fassen, was es ist, was wir glauben wollen, weil unser Verstand es nicht hergibt. In der Hinsicht war poetix anscheinend überzeugt, sich mit den meisten einig zu sein. Das ist die Sache mit dem Gottes-Gen (Dean Hamer). Der Wunsch zu glauben ist den Menschen genetisch mitgegeben, nicht aber sind es die Inhalte.

Wenn man eine agnostische Position wie die oben angedeutete ernst nähme, wäre man eigentlich frei, die bestehenden Systeme je nach Gusto umzuformulieren, neue Thesen aufzustellen, ohne ihnen indes Bedeutung zuzumessen. Ist das zynisch? Eher humorvoll. Es schließt ja nicht aus, dass man weiter nach Glauben strebt.

Die Schöpfung der Welt wird in allen Kulturen durch Mythen beschrieben, die meist mit der modernen Naturwissenschaft nicht genau übereinstimmen. Ähnlich ist es mit der biblischen Version. Man kann sie vertreten, wenn man sie nicht wörtlich nimmt, sondern als Gleichnis. Wie weit kann man so ein Gleichnis strecken? Wie wäre es mit einem Mythos, in dem Gott diese Welt nur als eine vorläufige geschaffen hat, die er mit göttlichem Licht erhellt, damit zwar verbrennt, aber aus der Asche neu und vervollkommnet wieder erstehen lässt (Anleihe beim Phönix-Mythos)?

Solarisation

Engel sind hell und wir können des Lichtes so viel nicht ertra

gen,
Luzifers Wesen, noch heller als hell, muss uns dunkel erschei

nen.

Ihn hatte Gott einst gesandt, um das Licht in die Welten zu tra

gen,
lange bevor er den Menschen erschuf und das Gute und Böse.

Göttliches Licht ist es, das auf uns kommt - es wird alles ver

brennen.
Neu aus der Asche ersteht nur durch Gnade die Menschheit

verbessert.

Ungereimt; die Metrik (Hexameter) suggeriert eine gewisse Feierlichkeit, passend zu einem Mythos. (Erinnert an Rilkes

Duineser Elegien.) Unter Solarisation versteht man in der Analogfotografie den paradoxen Effekt, dass extrem helle Objekte (z.B. die Sonne) im Positiv dunkler erscheinen als ihre Umgebung. Dieser Begriff wurde von poetix auf die Psychologie, die Wahrnehmung der Figur des Luzifer in unserer Kultur übertragen. Er ist eine (hypothetische) Erklärung dafür, dass der Lichtengel Luzifer oft für dunkel gehalten wird. Die gängige Identifizierung Luzifers mit dem Bösen geht übrigens nicht auf die Bibel zurück, sondern stammt von Origines, der sie im dritten Jahrhundert aus dem antiken Mythos von Phaeton ableitete. Beim Verbrennen der Welt klingt der Begriff der Solarisation ein zweites Mal an - eine "tödliche Überbelichtung", auch hier wieder das Helle, das für bedrohlich gehalten wird, obwohl es die Erlösung bringt. Das Ganze ist insgesamt ein positiver Mythos, mit sehr lockerem Bezug zu gängigen Glaubensinhalten, aber solange man das Ganze nicht zu ernst nimmt, ist es wohl erlaubt.

Es ist trotzdem noch viel zu rational. Wie wäre es mit einer, sagen wir mal, mehr benebelten Sicht auf das Thema.

Rauchgebet

Wie der Rauch sich kringelt,
Traum vom Irgendwann,
der am Joint sich ringelt,
alles werden kann,

trägt mich in den Himmel,

unter mir die Erde:

was für ein Gewimmel -

mach, dass was draus werde.

Darum will ich bitten,

wen, das weiß ich nicht,

schwank mit bangen Schritten

in das große Licht.

An der Stelle müssen wir wohl doch zwischen poetix und seinem lyrischen Ich unterscheiden. Dass poetix gekifft hätte, passt gar nicht in das Bild, das wir bisher von ihm gewonnen hatten. Er hat sich wahrscheinlich diesen Zustand nur vorgestellt. Offenbar nahm er an, dass man in diesem Zustand eine höhere Macht durchaus noch anbetet, aber an ihrer Erkenntnis gar nicht mehr interessiert ist. Wie praktisch! Jener Zustand ließe sich sicher auch durch Alkohol erreichen, aber der Rauch wird poetix als das anschaulichere Bild erschienen sein als der Rausch.

Trost

Die hohen Mächte, die
uns Glück und Leid erschufen,
sie hören, wenn wir sie
in Not zu Hilfe rufen,
weil einer zu sehr litt,
und geben dies uns mit::

Das Leid muss überquellen,
damit der Trost entsteht.
Dann kommt der Trost in Wellen.
Nicht, dass es besser geht,
ein Zeichen nur der Welt,
dass sie sich weiter dreht
und vorerst nicht zerfällt.

Man spürt im Trost die Macht,
an die man nicht mehr glaubte,
belächelt, was bei Nacht
den Schlaf so lange raubte.

Ob poetix irgendwann Trost gespendet hat? Hört sich nach
Schadewaldt an („Sophokles und das Leid"): Das Leid muss

übergroß werden, um den Menschen auf seine reine Existenz zurückzuwerfen und die Katharsis einzuleiten.

Mutter Zeit

Schon rufst du wieder, Mutter Zeit,
und nimmst mich sicher an die Hand,
mich führend durch dein großes Land,
zur Einkehr, Umkehr nie bereit.

Halt, warte, eile nur nicht so,
noch will ich bleiben und nicht gehn.
Ja, kannst du das denn nicht verstehn?
Das Jetzt lieb ich, umarm es froh.

Dass du nur immer weiter reist!
Und ziehst mich ständig mit dir fort
von jedem je geliebten Ort.
Auch mich formst du in diesem Geist.

Als ob es ohne dich nicht ginge!
Doch streb ich, von dir frei zu sein;
denn einmal lässt du mich allein,
erlöst, am Ende aller Dinge.

Wünscht sich nicht jeder mal, die Zeit anzuhalten, wenn es am schönsten ist? Wann ist es am schönsten? Dann, wenn es davor und danach nicht so schön ist. Das bleibt jedoch dem Irrealis der Vergangenheit vorbehalten. (Wenn die Zeit damals stehengeblieben wäre, ...) Den Optativ (möge die Zeit stehenbleiben) kann man in der Gegenwart benutzen, wenn es schöner ist als je zuvor. Hielte man dann die Zeit an, würde man zwar Verschlechterungen verhindern, ebenso aber auch weitere Verbesserungen. Unser Gehirn versagt uns allerdings in solchen Momenten die Vorstellungskraft und lässt uns glauben, es könne schöner nicht mehr kommen. Leider sind wir Menschen so konstruiert, dass wir diesen Zustand nicht halten können. Selbst wenn die Welt in so einem Augenblick stehenbleiben würde, unsere subjektive Zeit würde weiterlaufen und unser Gehirn den Stillstand zunehmend negativ bewerten.

Die Zeit wird uns nicht nur von außen aufgezwungen, sie läuft auch in uns und es sind nun einmal ihre Eigenschaften, nicht stehenzubleiben (Einkehr) und nicht die Richtung zu wechseln (Umkehr). Das ist so unmittelbar klar, dass man nicht bemerkt, dass wir hier zwanghaft "an der Hand" geführt werden. Wir sind so, müssen so sein. Lernen wir das am Anfang unseres Lebens und verinnerlichen es dann immer mehr, bis wir es anders gar nicht mehr denken können? "Auch mich formst du in diesem Geist."

"Als ob es ohne dich nicht ginge!" Dieser Ausruf ist provokativ. Die Zeit gehört doch zu den reinen Anschauungsformen und ist somit unlösbar mit unserem Menschsein verknüpft. Wie kann es dann ohne sie gehen? Am Ende (Tod oder Harmagedon oder was auch immer) ist unser Menschsein beendet und es gibt keine Zeit mehr. Gibt es uns dann noch? Der Text suggeriert diese Hypothese. Es gibt uns, aber nicht mehr in unserer jetzigen Form. Mit dem Satz "doch streb ich, von dir frei zu sein" stellt sich die Frage, ob sich die Zeit auch durch lebende Menschen überlisten lässt. Es gibt ja gewisse Meditationstechniken, die das anstreben. Im Buddhismus und im Yoga ist es geradezu Ziel, sich durch Meditationstechniken aus seinem irdischen Menschsein, beschränkt durch Raum und Zeit, zu befreien und so direkt ins Nirvana oder dergleichen zu gelangen.

War poetix Buddhist oder ging es ihm um die Aussage, dass der Mensch nach seinem Tod von der Zeit wie auch vom Raum und von den Kategorien befreit ist. Machte er aus seinem Nichtwissen über das Jenseits eine Aussage? Sozusagen eine Negativaussage mit positiver Interpretation: So, wie wir es uns vorstellen können, wird es nicht sein (aber besser).

Sternengesänge

Will denn mein Lied keiner hören?

Liebste, selbst du willst es nicht!

Dich wollt ich immer betören,

tags und im Sternenlicht.

Sternen nur will ich noch singen,

was zu singen ich hab.

Darf dieses Ständchen ich bringen,

nehm' ich das Lied mit ins Grab.

Die Metrik, dreihebige Daktylen mit abwechselnd weiblichen und männlichen Kadenzen, unterstreicht den klagenden Ton des Gedichts. Ein Klagelied? Meinst du ein Lied im musikalischen Sinn, poetix? Dann kann man ja froh sein, dass man dich nicht hören muss. Wenn du Publikum suchst, geh doch zu einer Casting-Show. Wenn du aber auf deine Dichtung angespielt hast: Übertreib nicht so! Deine Liebste ist dir doch gewogen, das spürt man in deinen Gedichten. Also, was soll das? Fishing for compliments? Damit kommst du nicht durch. Ja, ja, schon gut, es war nur ein Spaß - mit ernstem Hintergrund. Manchmal fühlt man sich als Dichter nur von den Sternen verstanden. Erst recht als Pseudodichter. Armer poetix.

Zu viel für zwischendurch

Ein kleines Häppchen zwischendurch:

Der Storch nimmt gern mal einen Lurch,

ein Text darf es beim Menschen sein;

er schärft den Geist und macht ihn fein.

Nur darf man diesen Text nicht strecken,

sonst würde er verwässert schmecken;

gekürzt und schmerzlos mag man's gern,

auch sei das Thema nicht zu fern.

Nun wollte ich das auch versuchen,

doch hört ich bald die Leser fluchen:

Das solltest du für dich behalten,

ganz anders muss man es gestalten!

Für zwischendurch war's wohl zu viel -

ich seh es trotzdem nur als Spiel.

Drum gilt: Auch wenn man mich verlacht,

es hat mir großen Spaß gemacht.

Da kann man poetix nur beglückwünschen. Er hatte Spaß beim Schreiben. Was will man mehr, was sonst erwartet man vom Schreiben? Man will ja nicht die Welt verändern. Und das ist gut so. Zwar haben einige Schriften die Welt verändert, doch hatten die Autoren später keinen Einfluss mehr darauf, wie das geschah. Es gab durchaus Fälle, in denen einer bereut hat, geschrieben zu haben, was er geschrieben hatte, weil er mit der Entwicklung nicht einverstanden war.

Also, poetix, wer, wann und wo auch immer du warst oder bist, die kleinen Freuden des Schreibens seien dir gegönnt.

Wer vorgeblättert hat, um das Ergebnis unserer Recherche zu erfahren, wird enttäuscht sein. Es ist alles schon gesagt worden, zumindest das, was gesagt werden sollte. Es sind die vielen kleine Mosaiksteinchen, die ein Bild ergeben sollten, ein Bild allerdings, das sich nicht mit wenigen Worten zusammenfassen lässt, und das erst im Kopf des Lesers als Ganzes entsteht; denn Aristoteles wusste: Das Ganze ist mehr als die Summe seiner Teile. Das Ganze, das wäre dann der reale

Mensch hinter poetix, wenn es ihn gab oder gibt. Will man den wirklich im Kopf haben?

Wir haben vor allem gesehen, dass dieser poetix nichts Besonderes ist, ziemlich durchschnittlich. Die Frage, auf welche Menge sich der Durchschnitt bezieht, stellt sich natürlich und soll weiter unten beantwortet werden (zu anderen Autoren nämlich gleich mehr). Was hat dieser Pseudodichter produziert? Textchen, die durchaus ihre Daseinsberechtigung haben mögen, die aber in die Literaturgeschichte nicht eingehen werden, also pseudowichtige Texte; Texte, die vor allem für einen wichtig sind - für den Autor selbst, den Pseudodichter.

Gibt es noch mehr Pseudodichter wie poetix? Stopp, halt, Moment mal. Solange es nur um diesen nebulösen poetix ging, durften wir mit einem Augenzwinkern herumflachsen. Wenn es um andere geht, gar um die Allgemeinheit, müssen wir für einen Augenblick ernst werden. Die zeitgenössische Lyrikgemeinde hat es nicht leicht. Es gibt viele ernstzunehmende Dichterinnen und Dichter, die auf den ersten Blick poetix ähneln könnten, die aber sehr wichtig für den Literaturbetrieb sind. Dieser poetix war nur eine Karikatur, aber jene Dichterinnen und Dichter, die in ihrer Freizeit für ihre Ideale arbeiten, verdienen unseren höchsten Respekt.

Sie sind echte Dichterinnen und Dichter, trotz allem, was vorher über diese Bezeichnung gesagt wurde. In unseren früheren Ausführungen ging es um Monetäres, die Präsenz am Markt. Soll der Markt die Einschätzung einer Person bestimmen? Tut er oft genug, aber diesen von ideellen Werten geprägten Bereich, die Lyrik, wollen wir doch nicht den Kräften des

Marktes allein überlassen! (Dann gäbe es wahrscheinlich gar keine zeitgenössische Lyrik mehr.) Wir können froh sein, dass es einen Freiraum des Idealismus in dieser Form gibt, mit Dichterinnen und Dichtern, die nicht gewinnorientiert schreiben, sondern aus Begeisterung. Sie sind echte Dichterinnen und Dichter, weil sie ihr Handwerk verstehen und weil sie mit Herzblut schreiben; denn darauf kommt es letztlich an.

Wir wollen die Dichterinnen und Dichter nicht vergessen, die im stillen Kämmerlein Gedichte schreiben, die niemand je zu lesen bekommt. Ist ihre Arbeit umsonst? Nein. Weiter so! Das Dichten tut gut. Es ist so schön, etwas Gelungenes zu formulieren, selbst wenn es nur die Sterne hören. „Der Weg ist das Ziel." (Konfuzius wird diese Weisheit normalerweise zugeschrieben, wörtlich überliefert ist sie nicht.)

Noch ein letztes Wort zu poetix: Seine Tagline in den Foren lautete: "Lineam rectam sequere", zu Deutsch: "Folge der geraden Linie!" bzw. "Sei in deinem Charakter geradlinig!" Lustigerweise ist dieser Satz im Lateinischen selbstbestätigend; denn "rectus" heißt nicht nur "gerade", sondern gleichzeitig auch "richtig". Also ist die gerade Linie rein sprachlich gesehen auch die richtige, der gerade Weg der richtige. Ein netter Leitspruch. Ob sich poetix daran gehalten hat?

Zeitfracht Medien GmbH
Ferdinand-Jühlke-Straße 7
99095 Erfurt, Deutschland
produktsicherheit@kolibri360.de